Votre chat naturellement

Claude H. Hesher

Votre chat naturellement

FORMA

Votre chat naturellement

Dépôt légal: 2e – 1994
ISBN: 2-920878-44-1

NOTE IMPORTANTE:
Le but de ce recueil n'est pas de se substituer à votre vétérinaire. Nous vous recommandons de consulter votre vétérinaire avant de prendre une décision majeure en ce qui touche les soins à dispenser à votre animal.

Trois mille ans d'histoire

Depuis des milliers d'années, le chat inspire toute une gamme d'émotions aux êtres humains. Les Égyptiens l'ont vénéré et traité en divinité voilà déjà trois mille ans, ainsi qu'en témoignent les chats momifiés qui ont accompagné les pharaons dans leurs sarcophages à compter de la VIe dynastie. Il inspira plus tard de l'affection et une confiance aveugle en Extrême-Orient, pour arriver en Perse et au Proche-Orient vers le Ve siècle où il bénéficia d'une protection légale.

La loi d'alors condamnait toute personne ayant tué un chat à se retirer de la société afin de méditer jusqu'à sa purification totale!

Suivirent après le Moyen Age et l'essor du christianisme qui ont considérablement minimisé l'importance du chat.

Cette époque marqua le début de la période de grande noirceur pour nos innocents compagnons. L'Église et le

clergé invoquant sorcellerie et satanisme orchestrèrent d'atroces persécutions envers ces bêtes qu'ils considéraient démoniaques.
A l'aurore du XXIe siècle, les chats reprennent peu à peu leur place en devenant membres de notre famille humaine et en faisant d'excellents compagnons aux personnes seules. Ils occupent de plus une place importante au service d'enfants et d'adultes en difficulté par le biais de la zoothérapie.

❍ *Les chats ont-ils une âme?*

Il est de plus en plus accepté par la médecine vétérinaire et par la population en général que les êtres humains ne sont pas les seuls mammifères intelligents et sensibles sur terre. A la question: «Les chats ont-ils une âme?», je réponds que cette interprétation est absolument personnelle.

Pour ma part, j'ai rencontré des êtres humains dont les comportements sèment le doute quant à leur âme et conscience!

Mais revenons à nos chats. Ces derniers ressentent des émotions qui ne sont pas étrangères à celles des êtres humains, puisqu'ils souffrent également d'une grande variété des problèmes émotionnels et physiques qui nous affligent. Des cas de maladies psychosomatiques sont traités quotidiennement dans nos cliniques.

Cependant, encore aujourd'hui dans certains milieux scientifiques, à la seule suggestion que les animaux puissent ressentir des émotions positives ou négatives affectant leur état de santé mentale ou physique, on rencontre toujours la même résistance d'experts.

Par conséquent, le terme «anthropomorphisme» (attribution de réactions humaines aux êtres et aux choses) revient très souvent dans les propos de ces derniers.

Chacun doit trancher cette question et seule la personne qui a développé une relation intime et quotidienne avec son chat et sa chatte est en mesure d'observer, d'analyser et de se prononcer.

Cette opinion est la seule qui compte en définitive. Toute une bibliographie de recherches, largement et scientifiquement documentée, ne pourra convaincre les sceptiques du niveau supérieur de la pensée et des émotions véritables du chat.

Je souligne amicalement à ces derniers que la preuve de l'existence de l'âme chez l'être humain n'a pas encore été démontrée scientifiquement.

Donc, à chacun son acte de foi!

❍ *L'approche holiste ou holistique – la sagesse du corps*

Le sujet de ce livre abonde dans le sens de la pratique supportant que les animaux, les chats en particulier, réagissent comme les êtres humains en période d'abondance ou de carence émotionnelle et nutritionnelle.

Au même titre que les êtres humains, les chats doivent se *nourrir* de contacts sociaux (camaraderie), d'affection et d'amour (toucher et être touché), d'exercice et de jeux récréatifs, d'oxygène sans pollution, de protéines, de vitamines et de minéraux.

Toute cette nourriture extérieure est absolument essentielle à nos petits compagnons, puisqu'elle est responsable de leur équilibre mental et physique. La qualité et l'état de santé, tant chez les êtres humains que chez les animaux, sont déterminés chez le sujet par son tempérament naturel, sa perception de la vie, sa constitution génétique, ses relations avec les autres, par les facteurs climatiques et environnementaux, etc. J'en passe puisque la liste serait trop longue.

Ce recueil présente plusieurs approches. Elles sont élaborées sous une forme abrégée.

Il est évident que chacun des chapitres suivants pourrait à lui seul faire l'objet d'un ouvrage. Cependant, l'approche holiste ou holistique passe par la sagesse du corps, fût-il le vôtre ou celui de votre chat.

Voyez comment vous pouvez améliorer la qualité de votre relation quotidienne avec votre chat.

Choisir un chat équilibré

Pour la plupart des gens, choisir un animal afin de partager sa vie et sa demeure signifie implicitement choisir un animal en santé.

Un animal en santé, c'est-à-dire sans maladie apparente, répond généralement aux attentes de tout propriétaire de chat en puissance. Prenons quelques minutes pour vous faire mieux connaître votre chat ou votre chatte.

❍ *Petite leçon d'anatomie*

Définir un animal aussi merveilleux et complexe que le chat n'est pas une tâche facile. Rappelons donc que minet est un mammifère carnivore doté d'une sensibilité extrême à son environnement.

Aimant son confort, il dort quatre-vingts pour cent du temps. Son squelette composé de deux cent quatre-vingt-dix os, reliés par des muscles puissants, est responsable de sa grande agilité et il lui permet d'effectuer des bonds prodigieux. Digitigrade, il marche sur ses doigts. Son talon ne touche pas le sol!

Ses trente dents très pointues, réparties en douze incisives petites et simples, quatre canines puissantes en forme de crochets et quatorze molaires et prémolaires, dont certaines très tranchantes, lui permettent d'attraper et de tuer ses malheureuses proies.

Sa langue râpeuse et plate s'incurve lorsqu'il boit. Elle est l'outil idéal pour démontrer son affection, recueillir sur son poil les précieuses vitamines B et D produites par l'exposition aux rayons ultraviolets du soleil, ainsi que pour lisser son pelage.

Un pelage en ordre est responsable de la conservation de son énergie thermique. Sa salive désodorisante garde son poil propre et en santé.

L'acuité visuelle de minet dans l'obscurité est remarquable. Sa pupille s'ouvre largement la nuit alors qu'elle n'est qu'un trait vertical en pleine lumière. Des recherches démontrent que le chat reconnaît les couleurs bleue et jaune, mais qu'il perçoit difficilement le rouge. Ses vibrisses jouent le rôle d'un radar dans l'obscurité. Son ouïe extrêmement développée est très supérieure à la nôtre. Outre ses fonctions acoustiques, l'oreille de minet joue un rôle essentiel à son bien-être: ses canaux sont le siège de son équilibre.

Il semble même que le chat prenne un certain plaisir à écouter des sons harmonieux, de la musique par exemple. Des incidents où il battrait la mesure avec sa queue ont été rapportés dans la littérature.

Quant à son odorat, tout propriétaire d'un chat connaît sa grande finesse. Il accepte de manger seulement selon son bon plaisir. Il détecte facilement dans sa pâtée un aliment détesté et il le laisse de côté.

Le toucher chez minet passe par ses poils tactiles et par les coussinets plantaires de ses pattes dotés de glandes sudoripares.

Pour tomber (ou retomber) sur ses pattes, la queue joue un rôle essentiel dans la technique de retournement du chat, particulièrement dans la rotation du corps entier autour de l'axe horizontal. Lorsqu'il saute, minet réussit ainsi à pratiquement toujours retomber sur ses pattes.

Quant à son langage, il est très riche en gestes et en sons; son vocabulaire à lui seul mérite d'être étudié et compris.

Cet animal attachant exprime la satisfaction, la colère, la faim, la souffrance, le plaisir, le chagrin et la peur. Ses cris sont caressants, stridents ou presque inaudibles.

Ce qui étonne lorsque minet s'exprime c'est qu'il démontre qu'il nous comprend. En fait, il interprète nos mouvements et nos tonalités. C'est toujours un moment magique lorsqu'il saute sur nous, se frotte la joue contre notre poitrine, marque une petite pause pour enfin s'installer confortablement sur nos genoux en ronronnant en signe d'affection.

Des recherches faites par la compagnie Dupont de Nemours démontrent qu'outre les voyelles communes à celles du chien, le chat articule six consonnes: M, N, G, H, V et F. Ses multiples inflexions sont infiniment expressives et laissent son maître hors de tout doute quant à son humeur.

❍ *Qu'est-ce que l'équilibre morphologique?*

Avant d'aller plus loin, je désire mettre l'accent sur le fait qu'un chat en santé n'est pas nécessairement parfaitement équilibré, génétiquement parlant. Les effets des multiples croisements génétiques, accomplis dans le but avoué d'atteindre un plus haut niveau de perfection ou de diversité esthétique, ont des effets multiples.

Il est triste de constater qu'en raison de la préférence des êtres humains pour certaines caractéristiques physiques qu'ils considèrent plus attirantes que d'autres, certaines races félines doivent subir leur vie durant des problèmes morphologiques et génétiques.

La nature, dans son infinie sagesse, n'est plus seule à décider des traits génétiques essentiels au chat pour qu'il soit robuste, physiquement et psychologiquement, afin d'assurer sa saine reproduction et sa survivance.

Le chat de gouttière (européen d'origine) à poil court est sans aucun doute, en termes de santé et de robustesse, l'animal le plus équilibré morphologiquement comparé aux différentes races félines développées pendant ce siècle.

Je devine les commentaires de propriétaires de chats de races exotiques. Spécifions pour les rassurer qu'un chat peut jouir d'une bonne santé même s'il fait partie de races à risque. Soyons seulement aux aguets quant à leurs faiblesses.

❍ *Morphologie et faiblesses*

Si une personne avertie en vaut deux, soyons conscients lorsque vient le moment de choisir un animal des faiblesses congénitales de certaines races. Les problèmes rencontrés le plus fréquemment en médecine vétérinaire affectent tout spécialement les parties de l'anatomie suivantes.

1. Les yeux, les paupières et la gueule

Absence ou malformation des deux paupières supérieures chez le persan. L'iris chez certains chats aura plusieurs couleurs ou sera sans pigmentation (souvent associé à la surdité sur le même côté, sensibilité à la lumière et manque de coordination des yeux). Il y a quelquefois une dégénérescence de la rétine, particulièrement chez le persan et le siamois.

Le strabisme peut de plus affecter le siamois ainsi que le nystagmus (mouvements involontaires des globes oculaires). On signale également chez le siamois des cas de fissures au palais (équivalent du bec-de-lièvre chez l'être humain) que l'on considère comme un trait héréditaire.

2. Les oreilles

La surdité est souvent associée aux chats blancs ayant les yeux bleus. Le cancer des oreilles est également un problème associé à ces derniers. Ils souffrent fréquemment de brûlures aux oreilles, mal protégées par le pelage blanc et donc sans défense contre les rayons nocifs du soleil. Les chats dont les oreilles sont tombantes (repliées vers le bas) tel que le *Scottish Fold*, sont sensibles aux infections et aux parasites d'oreilles.

3. Les pieds et la queue

L'absence de la queue (ou si peu...) chez le chat de l'Ile de Man, communément appelé le *Manx* en anglais, favorise le spina-bifida (maladie associée au gène d'absence de queue), les difformités aux membres arrière et au pelvis. L'étroitesse anormale de l'anus cause les problèmes que vous imaginez. Il a quelquefois un orteil additionnel aux membres avant.

4. Le système digestif

Le problème le plus répandu est causé par le poil. Tous les chats connaissent les boules de poils un jour ou l'autre. Cependant, le problème devient chronique chez les chats aux longs poils tels que le persan, le *Main Coon*, le chat birman, le chat angora, etc. Un brossage quotidien ainsi qu'une diète tenant compte de cette réalité contrôlent généralement une bonne partie du problème.

Environnement, médicaments, produits chimiques et autres

Soyons conscients que l'environnement, les médicaments, les nombreux produits chimiques et autres agents divers affectent également la morphologie et la santé de nos chats. Les conséquences s'imposent à l'évidence lorsqu'on comptabilise les nombreux problèmes congénitaux observés en clinique.

❍ *Drogues utilisées en médecine vétérinaire*

Mal utilisées ou utilisées à un stade vulnérable du développement de l'embryon, les drogues telles que les antibiotiques, les agents anti-inflammatoires, les antiseptiques et les désinfectants, les relaxants musculaires, les analgésiques, les stimulants (p. ex. la caféine), les vaccins, les sédatifs ainsi que les drogues utilisées dans le traitement du cancer ont le potentiel de causer des dommages irréparables.

Parmi ceux-ci, mentionnons les mutations, les difformités physiques et les maladies héréditaires. Utilisées avec parcimonie par un professionnel averti, les risques sont presque inexistants. Aussi, choisissez bien votre vétérinaire.

❍ *Produits chimiques agricoles*

Soyez également conscients que les insecticides, les herbicides et les fongicides causent les mêmes dommages irréparables.

❍ *Autres facteurs environnementaux*

Les stress environnementaux (la pollution de l'air, la chaleur excessive, les exercices par grandes chaleurs, etc.), les additifs alimentaires (les substituts synthétiques, les colorants, les saveurs artificielles, les agents de conservation, etc.), la pollution industrielle et environnementale, les déséquilibres et les déficiences alimentaires ainsi que certaines plantes, peuvent être responsables de traits génétiques indésirables. Soyez alertes!

La prévention des difformités et le choix à faire

A l'heure du choix de la race de votre futur petit compagnon, surtout si vous projetez de faire reproduire Hortense ou Henry, il y a quatre points à garder en mémoire afin de réduire les probabilités d'ennuis.

1. Évitez de choisir une race connue en raison d'un problème identifié d'origine génétique ou une race qui a été trop intensément croisée. De plus en plus de gens évitent les races dites pures parce qu'elles sont considérées trop à risque. Cependant, le choix reste le vôtre.

2. Un autre truc consiste à choisir un chat ou une chatte dont l'apparence ressemble le plus possible à celle d'un félin à l'état sauvage. Chaque pouce de son corps musclé reflète l'intelligence de millions d'années d'évolution, de reproduction et d'adaptation à son milieu. Les dents de ce chat ou de cette chatte sont généralement admirables, le pelage d'une douceur exceptionnelle et d'une propreté

admirable, en n'oubliant pas la grâce naturelle ainsi que le haut degré d'intelligence. Voilà une forme de pureté de race bien comparable à celles établies souvent par des éleveurs sans scrupule ni conscience.

3. Choisissez un animal dont l'héritage génétique est connu en observant les parents si possible. Moins on compte de croisements expérimentaux, moins on aura de problèmes de santé dans l'avenir.

4. Enfin, observez la propreté du nez et des yeux, la qualité du pelage, le tempérament (l'agressivité, la frayeur anormale), etc. En dernier lieu, si vous avez vraiment l'intention d'acquérir un animal pour la vie (la sienne, bien entendu), passez d'abord chez un vétérinaire pour connaître son bilan de santé. C'est un bien petit prix à payer pour s'assurer de plusieurs années de quiétude mentale.

Le lien intime entre l'être humain et le chat

Ce chapitre vise à attirer votre attention sur le lien intime qui vous lie à Henry ou à Hortense et sur l'impact positif ou négatif de cette relation sur le comportement ou la santé de votre petit compagnon.

Il existe une façon d'améliorer ce lien, tant du point de vue médical qu'amical: l'approche holiste ou holistique.

Généralement, la bonne nouvelle tient au fait que votre chat ou votre chatte jouit d'une excellente santé et que son comportement est tout à fait normal. La mauvaise nouvelle, plus rare, est que votre chat ou votre chatte développe toutes sortes de maladies ou même un comportement névrotique. L'approche holiste ou holistique est encore ce qui fonctionne le mieux pour comprendre de quoi il retourne.

❍ *Définition de l'approche holiste ou holistique*

La santé holiste ou holistique englobe l'animal dans son ensemble, c'est-à-dire son corps et son esprit, pas seulement les symptômes de la maladie.

La maladie survient généralement lorsque l'équilibre naturel est rompu. Cette approche redéfinit le concept santé-maladie en étudiant et en interprétant le déséquilibre responsable de la maladie en question.

❍ *Le couple humain-chat*

Si vous n'avez jamais songé que vos pensées, vos émotions, vos comportements ou même les changements dans votre vie puissent rendre votre petit animal malade, ce qui va suivre vous semblera tout à fait impensable. Cependant, un nombre incalculable de cas traités en clinique tombent dans l'une ou l'autre des catégories suivantes.

❍ *Le chat souffrant de la maladie de son maître*

Le chat obèse dont le maître est obèse. Ce même chat dont l'obésité, à son tour, est la cause de dermatoses répétées. Le chat ayant le même problème circulatoire que son maître. Le chat ayant une sinusite identique à celle de son maître. On trouve entre autre dans la littérature médicale, le cas d'un chat et d'un chien qui souffraient tous deux d'une bursite comme leur maîtresse. Ces bursites étaient localisées toutes les trois sur le côté droit et au même endroit.

❍ *Le chat et le maître paranoïaque*

Dans ce cas, le chat est le miroir des craintes et des attentes de son maître. De nombreux maîtres craignent tellement une maladie qu'ils adoptent des comportements extrêmes afin que minet ne la contracte pas. Étant donné que certains chats sont excessivement protégés et confinés à l'intérieur, ils ne développent pas une saine immunité naturelle à certains agents pathogènes. Les chats sont comme les êtres humains. Aussi, une attitude saine vis-à-vis des virus et autres types d'infection est à recommander.

❍ *Le chat et les problèmes émotionnels de son entourage*

Les chats sont infiniment sensibles aux changements et à la confusion qui peut régner dans une maison. Ils développent des problèmes cutanés (inflammation, grattage et léchage excessif). Ils ne comprennent pas qu'ils sont innocents des problèmes vécus.

Des maîtres vont jusqu'à utiliser leur petit compagnon comme levier dans une lutte de pouvoir avec le conjoint. Un chat est souvent au centre d'un couple et il fait parfois l'objet d'un chantage. Lorsque la relation s'améliore, la santé du chat ou de la chatte s'améliore également.

❍ *La relation dans son contexte*

Pourquoi voyons-nous tellement de maladies pour lesquelles le chat reflète l'état de santé physique ou mentale de son compagnon humain?

S'agit-il de coïncidences? Pour comprendre, nous devons en premier lieu situer le cœur du problème. Il est dans le lien intime unissant l'animal à l'être humain.

❍ *Devenez un chat momentanément*

Examinons le point de vue d'Henry ou d'Hortense:

«J'habite une maison qui représente mon univers entier. Mes compagnons humains assurent ma sécurité et ils me fournissent toute la nourriture essentielle à ma survie. Je dépends d'eux presque totalement (si l'on ignore les quelques souris et moineaux que je peux parfois attraper ici et là...). Ils m'entourent d'affection que j'apprécie généralement (sauf les jours où j'ai mes humeurs, comme tous les chats qui sont normaux). Cependant, ils m'ignorent quelquefois et je ne comprends pas toujours pourquoi. Cela me cause de l'anxiété.

«Qu'adviendrait-il si je les perdais? La plus grande partie de ma nourriture provient d'eux.»

A ceux qui m'accusent déjà d'anthropomorphisme, je vous demande d'observer le comportement de votre chat si vous vous occupez d'un chien, d'un autre chat ou encore de votre enfant en sa présence. Minet arrive en courant et il exige immédiatement à renfort de hauts cris que l'on s'occupe aussi de lui.

Cette réflexion de minet est familière et elle nous ramène à l'époque de notre enfance.

Votre petit compagnon réagit comme le font toutes les espèces vivantes. Il identifie sa source de sécurité à l'autorité parentale.

Henry vous suit, il vous obéit (à l'occasion...) et il rivalise avec vous. Bref, il s'attache à vous. Les biologistes parlent alors de «liaison», *bonding* en anglais, pour désigner cet attachement.

Ce lien est essentiel à sa survie. Après sa naissance, on assiste à une période critique pendant laquelle le chat s'identifie à sa mère, source de sécurité, de nourriture et de sagesse animale. Si le chat quitte sa mère à ce moment pour se joindre à votre famille, vous devenez alors le substitut de sa mère et la nouvelle source de toutes ses attentes. Le fossé est étroit entre lui et vous, n'est-ce pas?

❍ *Redevenez le compagnon humain de votre chat*

Chaque être humain a une raison spéciale d'aimer les chats et d'en choisir un ou plusieurs comme compagnons. Nous recherchons tous une satisfaction dans cette relation.

Le chat remplace parfois un enfant ou un conjoint décédé; il comble souvent un vide affectif ou, pour plusieurs, il représente tout simplement un animal merveilleux à côtoyer et à aimer.

Pour certains thérapeutes, le chat représente même une source de bien-être auprès de personnes âgées, d'enfants et de handicapés.

Nous tendons à choisir un animal qui nous ressemble, une sorte d'extension de ce que nous pensons être. Sans vouloir tomber dans les stéréotypes, l'observation des couples humain-chat nous confirme que certaines personnes sophistiquées possèdent des chats exotiques d'une beauté recherchée. Les gens à l'allure plus simple ou sportive sont souvent accompagnés de chats à l'apparence moins spectaculaire.

Puisque nos chats nous ressemblent, ils sont dans une excellente position pour s'identifier à nous. Ce phénomène fonctionne également en sens inverse. Certains maîtres choisissent un chat ou une chatte possédant les vertus qu'ils jugent désirables.

Mais, quel que soit notre choix, le bien-être de notre chat doit être aussi important pour nous que celui de notre famille. Henry ou Hortense cesse d'être un animal le jour de son arrivée dans notre foyer pour devenir un être unique et précieux. Lorsque vous traitez ce chat comme un ami digne de votre respect et que vous commencez à voir la vie également à partir de son point de vue (à quelques dizaines de centimètres du sol, bien souvent...), une forme de communication merveilleusement intime s'établit entre vous deux.

❍ *Phénomènes psychiques*

Le domaine spirituel étant scientifiquement impossible à mesurer ou à vérifier entre un être humain et son chat, je ne peux que rapporter ce qui suit et vous laisser juger par vous-même.

Selon certains vétérinaires, il existerait entre des êtres humains et leurs chats une forme de sensibilité aiguë s'apparentant à la télépathie. Un chercheur, J. Allen Boone, aurait observé, lors de tests orchestrés en milieux contrôlés, des messages transmis et reçus entre maître et animal. Ces derniers supposent des liens télépathiques extraordinaires développés entre certains individus et leurs animaux.

Pour la plupart d'entre nous, les expériences du chercheur Boone sont tout au plus étranges. Sans me prononcer, peut-être y a-t-il là suffisamment de matière pour expliquer pourquoi certains chats adoptent nos maladies?

Je soupçonne les chats d'être semblables à des éponges qui absorbent nos conflits, nos chagrins et notre confusion. Ils ramassent l'énergie créée par nos tensions sans nécessairement comprendre pourquoi.

Les psychologues tracent un parallèle entre ce comportement et celui des jeunes enfants qui se blâment eux-mêmes d'être la cause des querelles entre leurs parents. Certaines recherches démontrent que tout changement à la routine quotidienne (changement d'emploi, nouvelle maison, perte d'un conjoint, etc.) affecte le comportement du chat.

La gravité du changement est généralement proportionnelle à l'envergure du niveau d'insécurité du chat. Le stress qui en découle se manifeste chez le chat comme chez son compagnon humain: tensions musculaires, déséquilibre du système endocrinien et du métabolisme, faiblesse du système immunitaire et insomnie. Cela affecte son comportement en général.

❍ *Le test de l'influence positive ou négative*

Les huit questions de base:

Si vous reconnaissez les idiosyncrasies ou, plus sérieusement, les maladies de votre chat ou de votre chatte dans les paragraphes précédents, vous devez vous poser les questions suivantes:

1. Est-ce que le problème de santé de mon chat ressemble à l'un des miens passés ou présents?
2. Ai-je déjà pensé, avant que mon chat ne soit malade, qu'il pourrait souffrir un jour de son problème actuel?
3. De quelle manière mon chat me ressemble-t-il? Pourquoi l'ai-je choisi?

4. Mon chat est-il particulièrement angoissé lorsqu'il y a des frictions et des tensions à la maison?
5. Concernant la maladie ou le comportement de mon chat, quelles images mentales, inquiétudes ou attitudes traversent mon esprit? Quels sont les messages communiqués à mon chat?
6. Qu'est-il arrivé avant que mon chat ne développe ce comportement, cette maladie ou ces symptômes? Nouveau conjoint, nouvelle maison, départ pour les vacances?
7. Lorsque mon chat démontre un symptôme ou un comportement quelconque, est-ce que je lui donne plus d'attention positive ou négative?
8. Y a-t-il un avantage pour moi à prendre soin de mon chat? Suis-je inquiet ou valorisé, paranoïaque ou normalement attentionné?

❍ *Interprétation des résultats*

Si vous avez répondu OUI à deux ou plus de ces questions, vous pourriez être une source d'influence négative auprès de votre chat. De ces questions, deux tendances se dessinent. D'une part, il y a danger d'encourager les comportements ou maladies de votre chat par trop d'attention. D'autre part, lorsqu'il a reçu tous les soins que nécessite sa condition, poursuivez vos tâches comme d'habitude.

En ce qui concerne l'impact de vos pensées et attitudes en général, vous devez sans doute vous interroger plus en profondeur. Vous avez probablement déjà une bonne idée de ce qui vous habite. Soyez simplement conscient que vos attitudes ainsi que votre façon d'agir ont un impact direct sur votre propre univers, ainsi que sur celui de votre compagnon. En effet, vous représentez tout son univers.

Si vous arrivez à la conclusion que la source des problèmes d'Henry ou d'Hortense trouve son origine dans vos actions ou vos états d'âme, il est inutile de vous culpabiliser.

Soyez attentif, prenez des notes et menez votre petite enquête. Si les symptômes s'aggravent lorsque vous entourez votre chat d'attention, peut-être est-il en train de vous dire qu'il est incertain et désire un peu plus de caresses. Ou peut-être reçoit-il trop d'attention. Vous devrez alors l'encourager à devenir plus indépendant. A vous de doser avec sagesse!

Il est important de rester mentalement attentif et présent lorsqu'on partage une relation intime avec un autre être. L'autre dans votre vie pèse seulement quatre kilos et il se déplace sur quatre pattes en déployant un magnifique manteau de fourrure en plein mois de juillet.

Cependant, il n'en est pas moins un être à part entière dont l'occupation principale, après avoir dormi et fait sa toilette, est de vous observer et de vous aimer.

Alimentation – mythes et réalités

Ce chapitre est sans doute le plus difficile à rédiger car je suis conscient des contraintes de temps avec lesquelles nous devons tous composer. En fait, ce qui va suivre pourrait modifier quelque peu la perception que vous avez du régime alimentaire de votre quadrupède.

Précisons que ce livre n'est pas un exposé scientifique sur l'alimentation animale. Un tel exposé représenterait à lui seul une encyclopédie. Ce chapitre vise à vous sensibiliser à certaines réalités qui existent en nutrition animale. Étant donné que le fanatisme existe dans ce domaine comme dans bien d'autres domaines liés à l'alimentation, il est bon de lire ce qui suit avec attention avant de se former un jugement.

Il est presqu'impossible dans la vie de tous les jours de servir des aliments entièrement naturels.

Soyons honnêtes! le temps nous manque. Cependant, une alimentation entièrement commerciale comporte des problèmes comme nous le verrons plus loin.

❍ *L'alimentation dite commerciale*

Réfléchissons à ce qui suit. Nous acceptons que la nourriture commerciale, industriellement traitée et transformée par le biais d'additifs alimentaires, soit la façon normale d'alimenter nos petits compagnons.

Certains se nourrissent eux-mêmes régulièrement d'aliments traités et transformés. Cette façon de s'alimenter qui est la nôtre depuis des décennies est franchement pratique et elle nous permet d'économiser un temps fou, n'est-ce pas?

Revenons aux fabricants de nourriture pour animaux domestiques. A leur décharge, il est cependant juste de noter que plusieurs conçoivent des produits convenables qui répondent aux besoins de base d'Hortense ou d'Henry et cela, à un coût raisonnable.

Cependant, tout aliment qui est cuit, séché, mis en conserve ou congelé, sans oublier les additifs alimentaires qui lui sont ajoutés, ne peut constituer une diète optimale pour l'être humain ou pour l'animal.

Le Dr Alfred J. Plechner, D.M.V. formule simplement ce que beaucoup de vétérinaires déplorent: «Les aliments pour animaux domestiques ne contiennent pas suffisamment de certains éléments désirés alors qu'ils contiennent trop d'éléments indésirables». Les éléments indésirables auxquels il réfère sont des allergènes divers, des hormones, l'utilisation de viandes jugées impropres à la consommation humaine et donc traitées en conséquence, toute la gamme d'additifs alimentaires, etc.

Quant aux éléments désirés et présentés en quantité insuffisante, notons les vitamines et minéraux, les protéines, les matières grasses. Soulignons également l'absence d'éléments importants, les qualités intangibles et uniques offertes par des aliments frais, par rapport aux aliments traités et transformés, donc morts.

La consommation des toxines et autres agents contenus dans ces aliments commercialement préparés a pour effet d'accroître les besoins nutritifs de votre chat afin de combattre et d'éliminer ces mêmes contaminants.

Lorsque l'alimentation qualitative globale de votre chat ou de votre chatte est déjà inférieure à la moyenne souhaitée, la porte est grande ouverte à une variété de problèmes.

Il serait trop long d'expliquer pourquoi et comment toutes les protéines et les protéines brutes ne sont pas égales, en termes de provenance et de digestibilité par le système gastro-intestinal.

Les hydrates de carbone et les matières grasses varient également en qualité et en digestibilité, donc au niveau de l'absorption par votre chat.

Il n'est pas suffisant de lire une étiquette en s'attardant aux pourcentages de ces quatre éléments de base:

a) les protéines brutes;
b) les matières grasses;
c) le taux de cendre;
d) les hydrates de carbone.

Lisez également la liste des ingrédients.

Les viandes et le poisson, ainsi que leurs abats et sous-produits, varient d'une marque à l'autre. Comparez les différents fabricants et favorisez les produits (nourriture en conserve, sèche ou semi-sèche) qui se rapprochent autant que possible en pourcentage de la composition idéale de chacune des quatre catégories suivantes.

Composition idéale**
Pourcentage (%) recommandés

Protéines 40%
Matières grasses 32%
Hydrates de carbone 22%
Cendres 6%

Nourriture pour chats en conserve

*Composition garantie**
Moyenne commerciale actuelle

Protéines 10-14%
Matières grasses 2-4%
Hydrates de carbone ***
Cendres 3-4%

* moyennes garanties des fabricants en général
** moyennes jugées idéales entre celles consommées à l'état sauvage (aliments frais) et les préparations commerciales
*** pourcentage global indisponible

❍ *Alimentation naturelle complémentaire*

Entre une alimentation strictement commerciale et une alimentation strictement naturelle, il y a place pour une alimentation complémentaire naturelle. S'il n'est pas recommandé de nourrir Henry et Hortense strictement aux aliments traités et transformés, il est à peu près impensable de les nourrir à chaque repas uniquement de préparations confectionnées à partir d'aliments frais pour satisfaire consciencieusement tous leurs besoins de base. Le facteur temps est un problème majeur, sans parler du budget.

Certains vétérinaires traditionalistes donnent raison à la publicité des fabricants d'aliments pour chats en affirmant qu'il n'est pas recommandé de donner des restes de table à Henry ou à Hortense.

Les restes de table, non formulés scientifiquement, ne répondent pas aux besoins nutritifs de votre petit compagnon et pourraient nuire à sa santé, semble-t-il. Cette affirmation est certainement exacte si les restes de table en question sont des biscuits, du pain blanc, de la sauce ou des légumes en conserve.

N'oublions pas, d'une part, que des milliers de générations de félins ont survécu aux restes de table, tout en jouissant d'une excellente santé, en s'alimentant ainsi auprès d'êtres humains qui ne disposaient pas de produits (conserves, nourriture sèche ou semi-sèche) formulés scientifiquement à leur usage.

Nous disposons, d'autre part, d'informations scientifiques qui sont d'excellents guides alimentaires et qui définissent précisément les besoins nutritifs (minimum, moyens ou idéaux) qui doivent être satisfaits afin de répondre aux multiples exigences nutritives de votre chat ou de votre chatte. Profitons de ces informations pour nous guider dans les choix alimentaires qui doivent s'adapter aux circonstances et stades de la vie d'un chat: chaton, chat adulte, chatte en gestation, chatte allaitant ses petits, chat obèse ou chat décoratif (faute d'une meilleure description).

La diète jugée idéale en pourcentages de protéines, de matières grasse, d'hydrates de carbone et de cendres part du principe que votre chat fait de l'exercice quotidiennement lors de ses activités à l'extérieur.

Partant du fait qu'une diète strictement commerciale doit être améliorée et enrichie, et en vous basant sur les besoins énergétiques de votre petit compagnon, songez à ajouter des aliments frais et encore vivants à sa diète.

Rappelez-vous que moins vous cuisez un aliment, plus il conserve ses éléments nutritifs et vitaminiques.

❍ *Calcium*

Les besoins en calcium du chat sont six fois supérieurs à ceux de l'être humain, toutes proportions gardées. Intégrez une fois par semaine à la diète du saumon, des sardines, un peu de fromage et, si vous le pouvez, du tofu.

Une cuillerée à thé ou à café de lait en poudre contient environ cinquante milligrammes de calcium que vous pouvez mélanger à son repas pour l'enrichir.

Conservez tous les os **que vous ne pouvez pas donner** à Henry ou à Hortense pour lui faire mijoter un bouillon riche en minéraux. Faites-les cuire longtemps à feu doux dans de l'eau à laquelle vous ajoutez une petite quantité de vinaigre et de sel pour en extraire les minéraux.

❍ *Œufs*

Servez un œuf légèrement brouillé une fois par semaine. Il est important de le faire cuire légèrement, car l'œuf cru cause une déficience en biotine.

❍ *Herbes et légumes*

Même si le chat est un mammifère carnivore, il apprécie beaucoup déguster de l'herbe, ainsi que doivent sûrement en témoigner vos plantes d'intérieur.

Plantez de la luzerne dans votre maison, dans une petite jardinière. Vous devrez cependant vous battre avec Hortense pour qu'elle ne la dégarnisse pas d'un seul coup.

Il est également important qu'Henry ou Hortense mange des légumes. Il s'agit d'entraîner votre chat alors qu'il est encore jeune. Servez-lui de petits morceaux de carotte, de maïs, de haricot vert, de pomme de terre, d'épinard, de persil frais, de brocoli, de chou de Bruxelles, de concombre ou de courgette (zucchini).

Servez les légumes durs cuits à la vapeur et les légumes à feuillage (comme l'épinard) crus. Si votre chat n'a jamais mangé de légumes frais, soyez patients et présentez-lui une variété de légumes jusqu'à ce qu'il développe un goût pour certains d'entre eux.

❍ *Abats et poissons*

Le foie de poulet ou de veau et les rognons d'agneau contiennent de la biotine et devraient être servis au moins deux fois par mois, bouillis comme aliments protecteurs contre diverses maladies infectieuses.

Il est bon de savoir que le canard et l'agneau sont des animaux qui développent rarement un cancer. Leur viande est recommandée dans la mesure de votre budget.

❍ *Vitamines et minéraux*

Tout comme nous, les chats souffrent du stress et de la pollution. A moins de vivre et de manger dans des conditions idéales, Hortense et Henry doivent bénéficier généralement d'un petit supplément alimentaire. Chez les chats comme chez les êtres humains, il est important de ne pas abuser des vitamines et de s'en servir comme supplément en petites doses. Vous seul et votre vétérinaire êtes en mesure de constater si Henry ou Hortense manque de vigueur ou si son pelage est terne et sec. Les peaux sèches à démangeaisons diverses s'améliorent grandement avec l'ajout de vitamines E et A.

❍ *La vitamine E*

Une capsule de vitamine E ou l'huile de germe de blé aide à combattre les effets de la pollution. Antioxidante, la vitamine E aide à conserver et à protéger la vitamine A (reconnue également comme anti-pollution). Ouvrez une capsule de vitamine E (trente ou cinquante U.I.) et mélangez-la au repas une fois par jour.

❍ *Huile de foie de morue*

Dans le cas où minet mange beaucoup d'aliments secs, il est doublement important de compenser. Source de vitamines A et D, 1/4 de cuillerée à thé ou à café d'huile de foie de morue ajoutée quotidiennement à sa nourriture enrichira avantageusement la diète d'Henry ou d'Hortense. Ne servez pas la vitamine E et l'huile de foie de morue au même repas. Alternez.

❍ *Poudre d'algues*

La poudre d'algues riche en minéraux est vendue dans les magasins d'aliments naturels et elle peut remplacer avantageusement la luzerne fraîche.

❍ *Jeûne*

Un jour de jeûne six fois par année donne congé au système digestif d'Hortense ou d'Henry et lui permet d'éliminer des toxines. Servez-lui généreusement du bouillon et de l'eau.

Le savoir-vivre au quotidien

❍ *Entraînement de minet à ne pas griffer*

Les besoins de minet d'exercer et d'étirer ses griffes sur votre mobilier sont pour le moins exaspérants. Cependant, rétractiles et à croissance continue, les griffes de votre petit compagnon ne s'usent pas en marchant sur le sol. Minet doit donc faire ses griffes régulièrement, puisque cela est une nécessité absolue.

Divisé entre les besoins essentiels de minet et la préservation de votre mobilier, vous voilà dans un dilemme.

❍ *Dégriffer ou ne pas dégriffer?*

Si d'une part vous caressez l'option de faire dégriffer le petit délinquant, il est bon que vous soyez informé de ce qui suit. L'opération en question est douloureuse et difficile. Imaginez que l'on vous enlève la première jointure de chacun de vos doigts. L'équilibre de certains chats en est affecté à tout jamais. Un grand nombre d'entre eux devient nerveux et sans défense. Une étude a même établi une certaine corrélation entre le stress ainsi causé et le système immunitaire déficient d'un groupe de chats sous observation. De plus, ces chats plus stressés auraient tendance à mordre plus facilement.

Le nombre de vétérinaires qui refusent de pratiquer cette opération augmente au fil des ans. Tout au plus, certains vont jusqu'à dégriffer les pattes avant en sensibilisant le maître à cet état de chose, lorsqu'il est réceptif. Il serait cependant injuste de critiquer les propriétaires qui ont fait dégriffer leurs chats. En effet, jusqu'à récemment, peu d'études ont été faites sur ce sujet et la décision de pratiquer cette opération était prise sans hésitation, puisque tout le monde le faisait.

❍ *Que faut-il faire alors?*

La bonne vieille méthode que je vous propose est encore celle qui fonctionne le mieux. Utilisez une planche d'environ un demi mètre de long par dix centimètres de large. Recouvrez-la d'un morceau de tapis sens dessus dessous, c'est-à-dire les fibres vers l'intérieur alors que le canevas est à l'extérieur. Frottez-y un peu d'herbe à chat (cataire) et voilà Hortense équipée d'un instrument indispensable à la santé de ses griffes et irrésistible...à son odorat.

Les menuisiers épris de perfection peuvent fixer deux cubes de bois de sept centimètres de hauteur sous les deux extrémités de la planche pour lui donner plus d'élévation.

❍ *Les chats réfractaires*

Ils sont rares, mais pour les chats d'exception, voici un truc. Déposez le chat sur la planche et grattez vous-même le canevas de votre ongle en lui flattant fermement le cou et le dos de votre autre main: cela stimule son besoin de griffer. Ne frottez jamais de force la patte d'Hortense sur le tapis car elle se cabrera. Les chats résistent à la force sous toutes ses formes, même les plus subtiles.

❍ *Minet mordille et griffe*

Ne laissez jamais un chaton ou un chat adulte griffer ou mordiller vos mains, même à l'heure du jeu. Vous lui enseigneriez qu'il est permis de mordre et de griffer, et il ne comprendrait pas qu'il vous fait du mal.

Lorsque vous jouez avec votre chat ou votre chatte, utilisez des jouets ou même un simple bout de ficelle. Vos mains doivent symboliser les caresses et la sécurité d'être tenu avec affection, mais jamais un objet à lacérer.

Pour votre confort, il est utile d'apprendre à couper et à entretenir les griffes d'Henry ou d'Hortense. Un simple coupe-ongles solutionnera le problème, situé au niveau du bout de la griffe qui cause le plus grand dommage.

Faites sortir la griffe de sa gaine en pressant doucement derrière la base de l'ongle et coupez **seulement** le bout. Si vous réussissez une patte complète par séance de manucure, à raison de quatre séances par semaine, votre problème sera donc résolu en une semaine.

Si votre chat ou votre chatte se transforme en grand fauve et vous mord pour signifier son enthousiasme, vous devez alors prendre des mesures pour vous protéger. Lorsque ses dents sont incrustées dans votre peau, n'enlevez pas votre main, relaxez et pressez votre main **vers les dents** de votre chat.

Il est alors déconcerté. Éloignez-le de vous gentiment mais avec un ferme message de désapprobation et de déception. Ignorez-le pendant plusieurs minutes, sans contact visuel.

Quatre ou cinq répétitions de cette technique sont généralement suffisantes pour faire comprendre à votre petit compagnon que, s'il désire jouer avec vous, mordre et griffer ne sont pas des comportements négociables. Enseignez également aux enfants à ne pas retenir dans leurs bras un minou récalcitrant.

S'il doit être transporté ou restreint pour quelque raison que ce soit, enveloppez-le fermement d'une couverture ou déposez-le dans un panier de transport.

❍ *Marcher sur le comptoir de la cuisine ou la table de la salle à manger*

Si marcher sur le comptoir de la cuisine ou sur la table de la salle à manger est l'une de ses habitudes, il est inutile de crier ou frapper. L'éducation d'un chat demande de la fermeté, de l'affection et **de la persévérance.**

Enlevez le chat de l'endroit défendu en répétant fermement «NON», tout en pointant votre index devant son nez. Répétez l'exercice aussi souvent qu'il sera nécessaire. Généralement, un chat qui trouve un exutoire à sa curiosité et à son énergie a d'excellentes manières.

Afin de l'initier à l'obéissance, commencez par entraîner minet à vous obéir en l'appelant à vous. Chaque fois qu'il vient à vous en suivant un ordre, récompensez-le avec un petit morceau de sa gâterie favorite et beaucoup d'affection.

Il associera rapidement une récompense délicieuse à votre commandement. La méthode est simple, mais combien efficace.

❍ *Henry et Hortense, le carré de sable et la plate-bande du voisin*

Si votre chat ou votre chatte utilise sa litière personnelle sans ennuyer le voisin en lui faisant don de son propre fertilisant organique, alors cette section n'est pas pour vous.

Si par contre votre voisin se plaint que votre chat ou votre chatte visite sa plate-bande régulièrement, alors vous risquez de voir s'évanouir la cordialité dans vos rapports de bon voisinage. Il vous faut donc agir.

❍ *La toxoplasmose*

En premier lieu, sachez que les excréments de chats peuvent contenir des organismes nuisibles à la santé humaine, comme le parasite *toxoplasmus gondii*, causant la toxoplasmose.

Ce parasite se transmet aux êtres humains par les matières fécales des chats et par la viande crue. Les symptômes de la toxoplasmose chez les adultes sont tellement légers (une légère éruption, quelques douleurs, l'enflure des glandes et une faible fièvre) qu'ils passent souvent inaperçus.

Alors qu'une femme infectée pendant une grossesse ne court également aucun risque, son fœtus, lui, peut souffrir de maladies graves, avoir des malformations et même mourir.

Si une femme enceinte vit près de vous, faites examiner minet pour s'assurer qu'il n'ait pas d'infection active. Si minet est infecté, confiez-le à des amis pour qu'il s'en occupent pendant les six semaines de la période d'infection et de traitement.

Il va sans dire que vous ne devez pas manger de viande crue, par exemple un steak tartare. Ne permettez pas à votre chat ou à votre chatte, lors de ses balades à l'extérieur, de chasser les souris et les oiseaux ou de fraterniser avec les autres chats.

Voilà un vœu pieux, mais vous pouvez toujours essayer. Faites vider la litière par quelqu'un d'autre. Veillez à ne pas laisser les enfants jouer dans le sable où des chats errants auraient pu laisser des excréments. Lavez et brossez les légumes du jardin et rincez-les bien.

Un autre sage conseil après la lecture sur la toxoplasmose: ne développez pas de psychose paranoïaque lorsque vous observez Henry ou Hortense. Les cas de toxoplasmose sont plutôt rares.

❍ *L'ankylostome et la leptospirose*

Un autre parasite, l'ankylostome, de l'anglais *hookworm*, se trouve également dans les matières fécales contaminées. La leptospirose guette de plus un animal s'abreuvant à des points d'eau contaminés par des rats. Puisque le but de cette section n'est pas de vous transformer en vétérinaire mais de vous sensibiliser aux risques inhérents aux excréments, je termine ici le petit cours de médecine.

Sachez cependant que de rigoureuses conditions d'hygiène évitent généralement ce genre de problèmes. Soyez donc aux aguets!

❍ *Les carrés de sable et les plate-bandes*

Revenons à votre voisin et aux visites de minou dans son jardin. Le problème est relativement simple à résoudre. En plus de la litière aménagée à l'intérieur de votre résidence, installez dans la cour une autre litière propre qui restera à l'extérieur **pour concurrencer** la riche terre noire bien retournée des plate-bandes des voisins.

Si Henry ou Hortense considère que la plate-bande de tulipes est vraiment irrésistible, offrez à votre voisin de répandre à vos frais autour de sa plate-bande un produit répulsif aux chats, à base d'ingrédients naturels.

Songez aux oiseaux qui gravitent autour des buissons et à l'effet des produits chimiques sur cette petite faune colorée et amicale.

Henry et Hortense voyagent

Ainsi que tous les maîtres de chats le savent déjà, la plupart des chats ou des chattes préfèrent ne pas modifier leurs habitudes. Changer le mobilier de place au vivoir ou, pis encore, aménager dans une nouvelle résidence sont des sources d'insécurité bien connues et de mécontentement exprimé de manière odorante...

En votre absence et lorsque c'est possible, il est préférable de laisser Henry ou Hortense à la maison sous la bonne garde d'un ami des chats. Une garderie responsable constitue une autre option possible, quoique moins idéale.

Étant donné que le chat est extrêmement sensible, lorsque vous prenez congé de lui, dites-lui au revoir avec un esprit calme et serein, sans trace de culpabilité ni de démonstration excessive de votre affection.

Cependant, lorsque vous devez transporter Henry ou Hortense, quelques précautions s'imposent afin d'éviter plusieurs problèmes.

Le transport aérien, ferroviaire, naval et par autobus sont des types de voyage dont les arrangements et les règlements diffèrent d'un pays à l'autre, souvent même d'un transporteur à l'autre. Aussi, nous parlerons présentement d'un déplacement en voiture en compagnie du maître pour une durée allant de quelques heures à quelques jours.

Avant le départ:

• Pour contrer le stress du voyage, une semaine avant le départ servez à minet amplement de vitamine B_6 et d'acide pantothénique. En d'autres mots, servez-lui du saumon, du maquereau de l'Atlantique, du foie de bœuf ou du thon en conserve.

Le foie de poulet et les rognons de bœuf sont également d'excellentes sources alimentaires. Si minet collabore, ajoutez un comprimé de levure de bière écrasé dans sa nourriture une fois par jour.

• Assurez-vous que minet porte un collier avec une plaque d'identification, incluant votre numéro de téléphone ou celui de votre vétérinaire. Un chat nerveux se trouvant dans un endroit qui lui est étranger a tendance à se sauver.

• A moins que Minet soit d'un flegme anglais à toute épreuve, munissez-vous d'une cage à chat pour le voyage. Si minet s'énerve dans la voiture, vous risquez un accident. Confortable et rassuré, il sera plus calme et vous pourrez vous concentrer sur la route.

Pendant le voyage:

• Transportez avec vous quelques-uns des objets familiers de minet pour créer un sentiment de douce sécurité: un ou deux jouets et sa couverture favorite réussiront à le calmer.

• Donnez-lui de l'exercice à intervalles réguliers mais gardez-le en laisse pour éviter une fugue. Promenez minet **avant** son repas. S'il devait fuguer, la faim est un motif puissant pour susciter le retour d'un chat délinquant.

• Ne laissez jamais minet seul dans la voiture avec les vitres fermées en période de grande chaleur ou en plein soleil. La chaleur intérieure résultante peut causer des dommages irréversibles au cerveau, voire même la mort.

• L'alimentation est très importante en voyage. Essayez de nourrir minet aux mêmes heures, en insistant sur les aliments contenant des vitamines anti-stress mentionnés au préalable. Ajoutez à ceux-ci de la vitamine C pour renforcer la résistance au stress. Un comprimé de cent milligrammes par jour écrasé dans sa nourriture est suffisant. Je préfère donner aux chats de la vitamine sous forme vivante, sauf que les fruits comme l'orange ou le pamplemousse, et le piment vert cru, ne semblent pas susciter beaucoup d'intérêt chez le chat moyen.

• L'eau potable est également très importante. Certains chats l'ignorent totalement, pendant que d'autres ont besoin de beaucoup d'eau. Si vous voulez éviter un problème de constipation, donnez de l'eau, de l'eau et encore de l'eau! Un peu d'herbe à chats (cataire) réglera un léger problème de constipation.

• Je conseille également de mettre une litière dans le coffre de la voiture. Minet reconnaîtra son odeur familière et cela vous évitera bien des lamentations déchirantes.

• Les maux de cœur guettent fréquemment minet en voiture. Il vomit et salive excessivement. La vitamine B contenue dans sa nourriture, ainsi que le fait de poser sa cage de transport sur le plancher, aident à contrôler la nausée. Le thé à la menthe, si minet le tolère, est également un autre truc efficace. Si minet est sujet à la diarrhée, un jeûne de 24 heures avant le départ l'empêchera de se souiller pendant le transport.

• Si une poussière vole dans l'œil de minet durant le voyage, une petite goutte d'huile d'olive dans chaque œil et le tour est joué. S'il y a un véritable problème, veuillez vous en référer à notre «guide de premiers soins» et consulter un vétérinaire.

• Conservez avec vous en tout temps le carnet de santé de minet qui est témoin de ses diverses vaccinations. On peut vous le demander.
• Une petite pelle et un sac de plastique sont très utiles si minet laisse une carte de visite sur la plate-bande de l'hôtel où vous séjournez. Les bonnes manières sont appréciées de tous, particulièrement à l'étranger.

Le retour à la maison:

• Pendant une semaine, continuez la diète d'aliments riches en vitamines B_6, acide pantothénique et vitamine C. Ajoutez un peu de vitamine B_2 (riboflavine) à sa diète; du lait et un peu de fromage en petits morceaux. Si minet accepte un œuf cuit dur en petits morceaux, allez-y.

Bon retour à la maison!

Guide de premiers soins

Avant de vous livrer à ce qui suit, sachez que dans un cas d'extrême urgence, le geste approprié sauve quelquefois une vie. Cependant si ce geste permet d'attendre les secours professionnels, il **ne remplace pas** l'examen de l'animal par un vétérinaire compétent.

En d'autres cas, les conseils pratiques qui suivent éviteront des problèmes incommodants et de la souffrance inutile à votre chat ou à votre chatte.

Afin de vous aider à situer les parties du corps de votre chat, veuillez consulter le schéma à la page 48. En terminant, quel que soit le cas ou le problème de votre animal, il est important de **conserver son sang-froid!**

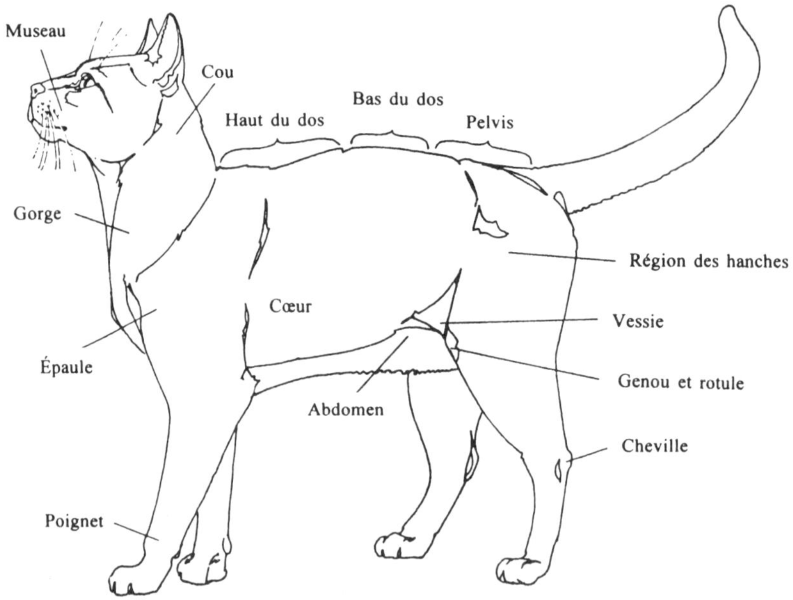

1. Les Abcès

Les chats sont sujets aux abcès qu'ils s'infligent entre eux lors de combats aux moyens de leurs dents et de leurs griffes fines comme des aiguilles. Leur peau se referme rapidement sur les bactéries et autres saletés. Les abcès apparaissent généralement autour de la tête, des pattes avant et à la base de la queue.

Enflure, douleur et fièvre: n'administrez pas d'aliments solides pendant vingt-quatre heures. Nourrissez le chat d'une diète liquide comme suit: bouillon de viande, de légumes et de l'eau de source. Activez l'action du système immunitaire, ainsi que la cicatrisation de la plaie, en lui donnant deux cent cinquante milligrammes de vitamine C trois fois par jour, pendant trois jours.

Soulagement: au besoin, appliquez sur la plaie deux fois par jour de la teinture de souci (*Calendula officinalis* ou *Mary Gold* en anglais). Diluez 1/4 cuillerée à thé ou à café dans une tasse d'eau distillée ou d'eau de source chaude.

2. Les Accidents oculaires

Les chats sont particulièrement victimes d'accidents aux yeux. Ils sont enclins aux allergies, aux infections, aux insecticides et à divers corps étrangers. L'œil devient enflé, avec un écoulement abondant, et se ferme graduellement. Le chat se frotte l'œil de la patte comme pour se débarrasser d'un intrus.

Premiers soins: ne touchez à rien! Couvrez l'œil d'une compresse propre, trempée dans de l'eau tiède et consultez votre vétérinaire d'urgence.

3. L'Arrêt cardiaque

Si le chat est immobile, sans respiration ou sans pouls décelable, les gencives et la langue d'une couleur bleuâtre, il y a des risques qu'il subisse un arrêt cardiaque.

Gardez votre calme. Vérifiez si le cœur bat encore en mettant votre main sur la région du cœur (voir le schéma de l'anatomie du chat) en descendant vers le sternum. Dans le doute, écoutez en apposant votre oreille sur le thorax. Si vous ne percevez aucun mouvement, procédez comme suit.

Appelez vite un vétérinaire.

En attendant, couchez le chat sur le côté droit. Appliquez une pression sur les côtes, derrière la patte avant. Abaissez le thorax légèrement au rythme de soixante-dix (70) pressions par minutes. **Faites très attention de ne pas fracturer une côte.**

A toutes les quinze (15) ou dix-huit (18) pressions, une autre personne doit souffler dans le nez de l'animal en lui maintenant la gueule fermée. Si vous êtes seul, soufflez vous-même et commencez à exercer les pressions jusqu'à l'arrivée du vétérinaire.

4. L'arrêt respiratoire

Il peut y avoir plusieurs raisons pour un tel arrêt (excluant un arrêt cardiaque). Il faut agir très rapidement.

Appelez un vétérinaire.

En attendant, vérifiez, tout en vous protégeant des morsures possibles, si les voies respiratoires (nez et gueule) sont obstruées. Le minimum de manipulations est recommandé dans ce cas. Couchez l'animal sur le côté droit en lui redressant soigneusement le cou. Tenez sa gueule bien fermée et soufflez dans ses narines à toutes les six à huit secondes. Surveillez si le thorax se soulève et reprend sa position normale. Si le cœur bat, recommencez sans arrêt jusqu'à l'arrivée du vétérinaire.

Lorsque les gencives redeviennent rosées, l'état de l'animal s'améliore.

5. Les Brûlures

Il y a deux types de brûlure.

Le premier type provient du feu, de l'électrocution, de l'huile ou de l'eau chaude.

Le deuxième type est la conséquence de produits chimiques (eau de Javel, insecticides, etc.).

Le chat, comme l'être humain, peut souffrir de brûlures aux premier, deuxième et troisième degrés. Il y a rougeur, enflure de la peau accompagnée de perte de poils et de douleurs intenses.

Premiers soins pour le premier type de brûlure: mettez la partie brûlée ou le membre sous l'eau froide, ou appliquez une compresse d'eau froide pendant quelques minutes. Essuyez la plaie doucement et appliquez un onguent antiseptique.

N'utilisez pas de corps gras.

Protégez la plaie de l'air. Gardez le chat au chaud et consultez un vétérinaire.

Premiers soins pour le deuxième type de brûlure: on doit surveiller les yeux et la peau. Assurez-vous que le chat ne se lèche pas et évitez qu'il aggrave la brûlure en l'étendant aux lèvres et à la gorge. Rincez la plaie ou le membre touché avec de l'eau froide. Essuyez la plaie doucement et appliquez un onguent antiseptique, sauf sur les yeux. Conservez le produit responsable et **consultez un vétérinaire sans tarder.**

6. Les Chutes

Traitez le chat tel qu'indiqué selon les cas suivants: l'arrêt cardiaque, l'arrêt respiratoire, l'hémorragie externe ou interne et les fractures.

Gardez le chat au chaud et consultez votre vétérinaire.

7. La Constipation

Le problème se présente lorsque le chat ne mange pas suffisamment de fibres ou qu'il manque d'exercice. Les boules de poils sont, quant à elles, la rançon à payer pour la propreté.

Une autre source de constipation est le chat qui se retient trop longtemps, créant lui-même ce problème. Il frotte son postérieur sur le sol et fait des efforts douloureux pour excréter.

Traitement: donnez-lui de l'eau fraîche à volonté. Incluez à sa diète des légumes frais pour les fibres, ainsi qu'un peu de viande crue qui est un laxatif naturel. Utilisez la viande crue seulement lorsque votre chat est constipé.

Le lait est également un autre laxatif pour certains chats. Encouragez votre chat en tout temps à faire de l'exercice. L'herbe à chats (cataire, contenant une huile essentielle) est un vomitif et un laxatif efficace pour aider le chat à éliminer les douloureuses boules de poils.

Dans les cas plus sérieux, traitez **temporairement** l'animal deux fois par jour avec une cuillerée à thé ou à café d'huile minérale (par cinq kilos) mélangé à du bouillon de bœuf dans sa nourriture. Ne lui en administrez pas pendant plus de quelques jours puisque l'huile minérale appauvrit l'animal en vitamine A et crée une dépendance.

Consultez un vétérinaire si le problème persiste.

8. Les Corps étrangers

Il est possible que des corps étrangers soient ingurgités et bloquent la gorge, l'estomac ou l'intestin de votre chat. Les aiguilles à coudre, les cordes, les os de poulet en sont de bons exemples.

Les symptômes sont, selon le cas, une salivation excessive, le frottement de la gueule avec les pattes, la nausée, la toux, des difficultés respiratoires, le vomissement, la constipation ou la diarrhée, la douleur et le ballonnement de l'abdomen, la fièvre et le refus de s'alimenter, la couleur foncée des selles (contenant du sang).

Les selles peuvent également contenir du mucus.

Premiers soins: si le corps étranger est logé dans la gueule, enlevez-le si possible.

Si le corps étranger est près de l'anus, par exemple un petit os ou un bout de corde, **ne tirez pas**.

Donnez une cuillerée à thé ou à café d'huile minérale avec un peu de bouillon de bœuf à minet aux trois heures pour que l'évacuation de l'objet se passe en douceur.

Si vous avez un doute quant à un corps étranger logé dans l'estomac et sur l'impossibilité apparente de faire vomir votre chat, consultez votre vétérinaire sans tarder.

9. Les Coups de chaleur et l'insolation

Un coup de chaleur extrême a le potentiel de causer des dommages au cerveau et même la mort dans le pire scénario. Une température élevée ou une exposition prolongée au soleil en sont des causes fréquentes. Le chat halète, s'affaiblit et le rythme cardiaque ralentit. Il peut y avoir vomissement ou diarrhée, perte de conscience et coma.

Il faut agir vite.

Plongez le chat dans de l'eau froide, périodiquement pour une durée n'excédant pas quinze (15) secondes. Faites baisser la température du corps et gardez l'animal au frais lors du transport chez le vétérinaire.

Apportez de la glace dans une serviette et appliquez-en sur le corps et près de la tête si nécessaire.

Souvenez-vous que le chat n'est pas encore hors de danger. Consultez un vétérinaire de toute urgence.

10. L'Électrocution

Les chatons sont friands de fils électriques. Ils jouent et mordillent, ce qui entraîne des brûlures à la langue et à la gueule, des spasmes musculaires, une perte de conscience, un arrêt cardiaque et/ou respiratoire.

Vous devez agir vite.

Coupez la source de courant. S'il y arrêt respiratoire ou cardiaque, suivez les directives appropriées dans ces deux cas. Même si l'animal ne présente pas de symptôme extérieur, il peut y avoir des brûlures internes et les prochaines heures sont critiques.

Manipulez le chat le moins possible et **consultez votre vétérinaire de toute urgence.**

11. L'Empoisonnement

Il y a plusieurs sources d'empoisonnement et divers types d'intoxication possibles: par la peau, ingéré ou inhalé. Les symptômes sont une salivation excessive, des larmes, le vomissement ou la diarrhée, une miction fréquente, la rougeur de la peau, la suffocation, la toux, le tremblement et même la convulsion, la perte de conscience jusqu'au coma.

Premiers soins: dans le cas de **produits corrosifs:** ne faites pas vomir le chat et gardez-le au chaud. Présentez-lui de l'eau ou du lait pour réduire l'effet du produit. Conservez le produit toxique et **consultez votre vétérinaire de toute urgence.**

Produits non corrosifs (pilules, etc): provoquez le vomissement en injectant dans la bouche du chat au moyen d'une seringue une cuillerée à thé ou à café de sel dilué dans de l'eau tiède.

Conservez une petite quantité du vomissement ou du produit responsable de l'empoisonnement pour votre vétérinaire. Gardez le chat au chaud et **consultez votre vétérinaire de toute urgence.**

12. L'Engelure et les lésions cutanées

Une engelure cause des lésions cutanées dues au froid, localisées principalement aux oreilles, aux coussinets plantaires, au bout de la queue, au scrotum, au prépuce et aux glandes mammaires. Bref, si le chat a le poil court, il faut alors le surveiller tout spécialement.

La peau gelée est plus pâle et moins souple, douloureuse et plus chaude au dégel. Le poil risque de blanchir et de tomber, les tissus risquent de rester endommagés de façon permanente.

Dans le pire des cas, la peau se gangrène et meurt.

Premiers soins: réchauffez la peau ou les membres gelés progressivement en gardant l'animal au chaud dans une couverture. Rincez les parties gelées d'eau tiède ou de compresses tièdes, par exemple pour les oreilles.

Au besoin, immergez le chat dans de l'eau tiède. Attention de ne pas le brûler! Ne manipulez pas indûment les parties gelées puisqu'elles sont très fragiles. Vous pouvez appliquer sur les tissus meurtris de la vaseline, de l'huile de foie de morue ou de l'aloès. Empêchez également le chat de marcher sur ses coussinets gelés. Consultez ensuite votre vétérinaire.

Prévention: si votre compagnon a le poil court et qu'il a déjà souffert d'engelures dans le passé, il survivra au ridicule de porter un manteau les jours de très basses températures. Évitez qu'il reste longtemps dehors à faire ses petits besoins. Une litière intérieure est une sage précaution.

13. L'État de choc et le choc nerveux

En cas de blessures graves, de chute ou de traumatisme, le chat peut démontrer des pupilles dilatées, haleter, avoir un rythme cardiaque rapide et rester immobile tout en ayant l'air normal. Il est alors en état de choc.

Premiers soins:

Consultez un vétérinaire sans tarder.

En attendant, réconfortez le chat en lui parlant d'une voix calme, gardez-le au chaud et ne lui donnez pas à manger ou à boire.

14. Les Fractures

Il y a deux types de fracture: ouverte alors que l'os fracturé perce la peau et fermée alors que la peau n'est pas déchirée. Une fracture peut être accompagnée d'une hémorragie, d'une douleur intense au toucher et d'une position anormale du membre fracturé. Un chat souffrant de fracture pourrait mordre. Méfiez-vous!

Premiers soins: manipulez le chat le moins possible. Contrôlez l'hémorragie s'il y lieu. Étendez le chat sur une surface plane et gardez-le au chaud; ne lui donnez pas à manger ou à boire.

Consultez rapidement un vétérinaire.

Si vous devez attendre plusieurs heures avant d'être secouru, faites une attelle avec des bouts de bois ou du papier journal attachés par de la ficelle ou du ruban adhésif.

15. L'Hémorragie

Il y a deux sortes d'hémorragies: interne et externe. Dans les deux cas cela signifie qu'il y a rupture d'une artère, d'une veine ou de capillaires. Il faut agir rapidement.

Premier cas, celui d'une hémorragie légère: couvrez la plaie d'une compresse stérile. Appliquez de la main une pression pendant quatre minutes. Relâchez et vérifiez si le saignement est arrêté.

Nettoyez la plaie, appliquez un onguent antiseptique et recouvrez d'un bandage. Si le saignement reprend, appliquez un bandage plus serré pour faire pression sur la plaie. Ne laissez pas un bandage serré trop longtemps et consultez votre vétérinaire.

Deuxième cas, celui d'une hémorragie grave: lorsque le flux artériel ou veineux ne peut être contrôlé comme dans le premier cas, il faudra identifier la source:

a) le sang est rouge foncé s'il y a une veine sectionnée;
b) le sang est rouge vif et gicle par jets s'il s'agit d'une artère.

Dans le cas d'une **veine**, positionnez un tourniquet entre la plaie et l'extrémité du membre.

Pour une **artère,** placez un tourniquet entre la plaie et le cœur.

La pression du tourniquet (garot) doit être suffisante pour stopper la circulation du sang. Relâchez le tourniquet pendant une (1) minute à toutes les douze (12) minutes.

Consultez un vétérinaire.

Troisième cas, celui d'une hémorragie interne. Celle-ci n'est pas évidente pour les néophytes. Il pourrait y avoir des saignements par la gueule ou le nez, dans la salive, dans un vomissement, dans l'urine ou dans le rectum. La couleur normalement rosée des gencives ou de la vulve pâlit, alors que le pouls et la respiration s'accélèrent.

Gardez l'animal au chaud en le réconfortant. Ne lui donnez pas à manger ou à boire et **consultez un vétérinaire de toute urgence.**

16. Le Pelage: odeur de mouffette, de putois

Il est rare qu'un chat rencontre une de ces bêtes et qu'il reste autour d'elles suffisamment longtemps pour faire connaissance. Cependant, pour les chats ou les chattes d'exception, voici quoi faire en cas de mauvaises rencontres. Sachez que les sécrétions de la mouffette sont très irritantes pour les chats.

Premiers soins: si les yeux du chat sont atteints, tentez de les rincer généreusement à l'eau tiède. Soyez patient. Si la douleur persiste, consultez un vétérinaire.

Dans le cas du pelage, on trouve une multitude de produits pour le bain sur le marché. Suivez les instructions paraissant sur le contenant.

Si vous êtes propriétaire d'un chat d'exception, c'est-à-dire d'un chat qui rencontre régulièrement ce genre de problème plus répandu chez les chiens, il faut ajouter du bicarbonate de soude au bain de votre chat et bien le rincer. Un bain au jus de tomates est une autre option possible, quoique un peu moins efficace. Quel que soit votre choix, il faut bien rincer et sécher le pelage.

17. Les Produits toxiques sur le pelage

Premiers soins en cas de peinture, goudron, colle, essence, etc.: il ne faut jamais utiliser de dissolvants, quels qu'ils soient. Essayez de nettoyer le pelage le mieux possible s'il s'agit de peinture par exemple. Vous devrez probablement couper les poils enduits de colle ou de goudron.

Examinez et nettoyez les coussinets plantaires. Faites un shampooing doux, rincez bien et séchez.

Si le pire advient et que votre chat s'est vautré dans un de ces produits, il faudra peut-être considérer un rasage complet. Souvenez-vous que votre chat ne doit pas lécher et avaler ces produits.

18. Les Piqûres d'insectes

Les piqûres d'insectes sont douloureuses et même dangereuses, surtout dans un cas de réaction allergique.

Dans un cas d'allergie, vous avez environ vingt (20) minutes pour agir avant que le problème ne dégénère en situation d'urgence. Dans le cas d'une allergie, le chat peut vomir ou avoir la diarrhée, avoir la mine abattue, des convulsions, sombrer dans le coma, puis la mort.

Dans les cas ordinaires (la majorité), votre chat se gratte à l'endroit douloureux qui commence à enfler.

Premiers soins pour un cas ordinaire: calmez le chat et vérifiez si le dard est encore sous la peau. Faites-en l'extraction. Appliquez de la glace ou une compresse d'eau froide sur la piqûre. Une tranche d'oignon frais appliquée sur l'endroit douloureux est également efficace.

Dans un cas d'allergie: vous avez vingt (20) minutes pour agir. Assurez-vous que le chat respire. Sinon, pratiquez la réanimation cardio-respiratoire.

Consultez un vétérinaire immédiatement.

19. Les Puces et la dermatite

Il est assez rare qu'il soit nécessaire de donner le bain à Henry ou à Hortense. De plus, il déteste cela.

Dans le cas où votre chat s'est fait attraper par une puce (quelle horreur!) et qu'il ait développé subséquemment une dermatite, il faut agir.

Bain: si bain il doit y avoir, alors soyez fort. Étant donné que la peau d'Henry ou d'Hortense est sensible, évitez autant que possible les préparations contenant des produits chimiques. Favorisez plutôt un shampooing naturel aux herbes pour chat, un savon de Castille de bonne qualité ou un shampooing naturel pour les humains.

Prévention: prévenez une infestation de puces en lavant régulièrement le tapis, la couverture ou l'oreiller de votre chat. Passez l'aspirateur aux deux ou trois jours sur le tapis pour ramasser les œufs qu'il pourrait y avoir. Ajoutez à la diète d'Henry et d'Hortense de l'ail et de la levure de bière. Il faut être créatif pour décourager les puces les plus récalcitrantes. Frottez généreusement le pelage de votre chat avec de la levure de bière. Même les puces les plus persistantes détestent cela.

Soins: lorsqu'il y a dermatite due aux puces, préparez de la lotion au citron et imprégnez-en copieusement le pelage d'Henry ou d'Hortense. Laissez sécher.

Lotion au citron
1 gros citron
1 pinte d'eau presque bouillante
Découpez le citron en tranches minces en conservant la pelure. Faites infuser les tranches dans l'eau toute une nuit. Utilisez cette lotion le jour suivant.

Les insecticides: si vous devez absolument utiliser un produit contenant un insecticide pour enrayer le problème, lisez attentivement ce qui suit.

Considéré comme le moins toxique de tous les insecticides, choisissez le pyrèthre, un dérivé de la fleur de chrysanthème. Utilisé dans les shampooings et les aérosols, il agit sur le système nerveux des insectes qui paralysent rapidement et meurent. Cependant, certains insectes se réveillent après quelques heures. Par conséquent, plusieurs applications sont quelquefois nécessaires.

Les thérapies alternatives en soins vétérinaires

❍ *Le bilan*

En médecine vétérinaire, les problèmes de santé persistants des petits animaux de compagnie tels que le chat et le chien découlent rarement d'une seule cause. Ils sont complexes et ils résultent d'une combinaison d'éléments physiques, émotionnels et mentaux.

La médecine vétérinaire traditionnelle est parfois impuissante à résoudre ces pathologies et l'on doit se tourner de plus en plus vers l'approche holiste. Cette approche n'est pas nécessairement synonyme de naturelle, même si les moyens utilisés sont souvent considérés naturels: herbes, vitamines, exercices, etc.

Si la médecine vétérinaire traditionnelle accomplit des miracles dans les cas d'infection et de traumatismes, elle perd parfois imperceptiblement la vision d'ensemble de l'animal en ignorant le rapport direct entre la maladie et la santé totale du corps. Il en va souvent de même pour la médecine humaine. Et tout comme la médecine humaine, la médecine vétérinaire traditionnelle traite trop souvent le symptôme plutôt que la maladie.

Le corps se régénère, laissé à lui-même, pour peu qu'on lui en donne la chance. A l'état sauvage, les chats comme les autres animaux se guérissent eux-mêmes en sachant instinctivement quand jeûner, quoi et quand manger, alors que notre médecine moderne s'appuie souvent lourdement sur toute une panoplie de drogues plus puissantes les unes que les autres.

L'approche holiste ou holistique de la médecine vétérinaire, de plus en plus répandue, ne sépare pas la maladie de l'animal mais elle cherche à identifier de quelle façon celle-ci est liée à ce dernier. Dans les cas de maladies mineures, un peu de bon sens, du temps et un environnement sain résolvent souvent le problème.

La nature fait en quelque sorte son travail, avec ou sans nous. Voici quelques méthodes utilisées avec succès sous le contrôle de vétérinaires avertis.

❍ *La naturopathie*

Cette approche totale soutient les tentatives du corps visant à éliminer lui-même la maladie. L'idée centrale sur laquelle toutes les méthodes naturopathiques sont basées repose sur le principe selon lequel la cause majeure d'une maladie est une accumulation excessive de matériel toxique (mauvaise alimentation et manque d'exercice) qui bloque les voies naturelles d'élimination.

Dans les cas de rhumatisme, d'obésité, d'arthrite, de constipation, d'insuffisance cardiaque, de pierres à la vésicule biliaire, de gastrite, de diabète, de leptospirose, les techniques utilisées pour nettoyer et stimuler le corps comprennent le jeûne généreusement accompagné d'eau et de bouillon de légumes, le changement d'alimentation, les bains, les saunas, les compresses, l'exercice, les bains de soleil, les massages et le brossage, une thérapie aux vitamines et aux herbes.

Considérant que le chat n'est pas un animal souple ou coopératif, il va sans dire que les bains de soleil, l'exercice, les massages et le brossage ont eu plus de succès que les autres.

❍ *L'herbologie*

Ce concept est basé sur l'utilisation de feuilles, de fleurs et de racines bien spécifiques afin de stimuler le processus de guérison. Les animaux se sont eux-mêmes soignés depuis des temps immémoriaux avec ces mêmes herbes.

En fait, une bonne partie de notre pharmacologie moderne provient de ces sources anciennes. La digitaline (un poison violent) provient de la digitale pourprée ou doigt de la Vierge, l'atropine est extraite de la belladone, la caféine du café et la théophylline du thé ne sont que quelques exemples.

Comparées à leurs contreparties pharmacologiques, les herbes démontrent une action plus profonde mais plus lente. Elles favorisent le processus de guérison en aidant le corps à éliminer les toxines. Le corps maintenant libéré, les symptômes gênants ou les maladies disparaissent.

Les problèmes les plus fréquemment traités par l'herbologie sont les vers, les puces, les dermatoses, les troubles de la vessie, l'arthrite, l'anémie, le diabète, la leptospirose, l'obésité, les plaies et fractures, la constipation et la diarrhée, la jaunisse, les problèmes cardiaques, les verrues et les cataractes.

❍ *La chiropratique et les autres thérapies manuelles*

Les thérapies de type manuel ont été utilisées depuis au moins l'époque d'Hippocrate. La chiropratique et l'ostéopathie, qui ont été fondées au XIXe siècle, affirment quant à elles que plusieurs maladies proviennent de l'irrégularité ou de l'anormalité de la structure, principalement de la colonne vertébrale. La chiropratique enregistre des succès principalement dans le cas du syndrome de Wobbler.

Une vertèbre du cou exerce une pression sur la moelle épinière de l'animal et le rend incapable de marcher sans tomber. Les animaux affligés d'une hernie discale sont également traités avec succès. Les manipulations soulagent de plus les douleurs causées par les dislocations et les entorses.

❍ *L'acupuncture et la médecine orientale*

L'approche holiste ou holistique qu'est l'acupuncture obtient des succès spectaculaires en médecine vétérinaire. Cette méthode est basée sur le concept selon lequel le champ d'énergie contenu dans le corps se répartit selon deux pôles: le *yin* et le *yang*. Ces derniers sont dans la culture chinoise l'expression d'un tout. L'état de santé repose sur l'équilibre maintenu entre ces deux pôles.

Un thérapeute peut corriger les excès ou les déficiences par la manipulation de certains points critiques le long des méridiens qui sont les canaux par où circule l'énergie. Cette thérapie utilise les aiguilles, la pression des doigts (shiatsu) et la stimulation électrique (électropuncture). On a observé que le nombre de leucocytes (globules blancs) et que la circulation sanguine augmentent après avoir été stimulés par un tel traitement. La production d'endorphine, une hormone naturelle du cerveau, augmente également.

Les problèmes d'allergie, de disques douloureux et de maladies liées à des déséquilibres du métabolisme sont traités avec grand succès. Ces traitements réduisent de vingt-cinq pour cent l'utilisation de drogues conventionnelles dans le contrôle de la douleur.

Les cas de leucémie féline sont difficiles à traiter par la médecine vétérinaire traditionnelle. Ils sont cependant traités avec un certain succès par l'acupuncture. De toutes façons, dans le cas où une guérison est impossible, la fin est moins douloureuse et plus paisible.

Dernières réflexions

Mon vœu le plus cher est de vous avoir rapproché d'Henry ou d'Hortense. J'ai bon espoir que ce recueil vous servira de référence et peut-être aussi d'outil à penser sur notre responsabilité envers ces êtres merveilleux que sont les chats.

Infiniment attachants, ils ont des besoins qu'ils s'empressent de nous faire connaître en stéréo. Tour à tour capricieux et drôles, ils daignent nous accorder le privilège de leur confiance et de leur amour tout en restant sur leur position.

«Conservons notre dignité à tout prix», pensent-ils!

Ce qui importe encore plus, et qui constitue certainement une grande leçon d'humilité, c'est qu'ils ont besoin de nous tout autant que nous avons besoin d'eux.

Nous devenons meilleurs à leur contact puisqu'ils renforcent notre humanité. Les chats nous rapprochent également de notre conscience collective en aiguisant notre perception du monde dans lequel nous vivons.

Entourés que nous sommes par des tours de verre et de béton, ces merveilleux félins sont une fenêtre ouverte sur la planète dont nous sommes tous responsables conjointement. Ils nous rappellent par leur présence sur les pelouses, dans les jardins, que la nature est là tout près et qu'elle est l'hôtesse de toute une faune animale plus ou moins disponible.

A la question: «Les chats ont-ils une âme?», je vous répondrai qu'en ce qui me concerne, j'en suis tout à fait convaincu.

Le langage du cœur est à mon avis le reflet de l'âme, et lorsqu'un doux langage devient le moyen de communication entre deux êtres vivants, fussent-ils de deux espèces différentes, il me semble parfaitement clair qu'il y a rencontre de deux âmes.

Je compte même retrouver de l'autre côté un certain chat dont je porte le souvenir en mon cœur depuis son départ terrestre.

D'ici là, je vous souhaite à tous un Henry ou une Hortense pour enrichir votre vie!

Bibliographie

The Medical Discoveries of Edward Back, Physician
par Nora Weeks. New Canaan, Conn.: Keats
Handbook of the Bach Flower Remedies
par Philip M. Chancellor. London: C.W. Daniels
The Complete Herbal Book
par Juliette de Bairacli-Levy. New York: Arco
Healing with Herbs: Nature's Way to Better Health
par Henriette A. Diers. New York: Arco
The Healthy Cat and Dog Cook Book
par Joan Harper. New York: E.P. Dutton
The Herb Book
par John Lust. New York: Bantam
The Way of Herbs
par Michael Tierra. Santa Cruz, Calif.: Unity Press
How to Get Well
par Paavo Airola. Phoenix: Health Plus
Natural Care of Pets
par Dr. Donald Ogden. Californie: Health Research

The Natural Cat: A Holistic Guide for Finicky Owners
par Anitra Frazier. San Francisco: Harbor
Animal Liberation
par Peter Singer. New York: Avon
Kinship with All Life
par J. Allen Boone
The Language of Silence
par J. Allen Boone. New York: Harper
What the Animals Tell Me
par Beatrice Lydecker avec Ingrid Yates
New York: Harper & Row
Your Pet Isn't Sick (He Just Wants You to Think So)
par Herbert Tanzer avec Nick Lyons
New York: Jove
Malignant Neglect
par Environmental Defense Fund et Robert Boyle
New York: Alfred A. Knopf
Water Fit to Drink
par Carol Keough. Emmaus, Pa.: Rodale Press
The Dictionary of Vitamins
par Leonard Mervyn
Turnstone Press, Thorsons Publishing Limited
Wellingborough, Northamptonshire, Angleterre
Vitamins for Better Health
par Sharon Faelten
Rodale Press Inc.
Natural Health for Dogs and Cats
par Dr Richard H. Pitcairn, D.M.V., Ph. D et
Susan Hubble-Pitcairn
Emmaus, PA: Rodale Books
Les Animaux chez soi
Éditions des Connaissances Modernes
Presses Encyclopédiques de France SA

Les Plantes Médicinales Nord-Américaines
par Dr. Aldéi Lanthier, n.d., phyt.
Éditions de Mon Pays
Feline Behavior
Dr. Patricia McKinley

Table des matières

ÉdiForma
Service éditorial
4855, chemin de la Côte-Saint-Luc, N° 511
Montréal – Canada – H3W 2H5
(514) 528-5843
(514) 486-9013

•

Diffusion
Belgique: Vander/Bruxelles
Canada: Prologue/Boisbriand
Luxembourg: Vander/Bruxelles
Suisse: Transat SA/Genève

Imprimé au Canada

METROLITHO